Wenn Du in mir singst

Johannes Goldenstein

Wenn Du in mir singst …

Mein geistliche Lieder-Journal

edition chrismon

In Dankbarkeit für
meine Erlanger Oma,
Frau Standfuß und Frau Schuran,
Robert Higgins,
Karlmann Beyschlag,
Sigrid und Ekkehard Wildt
und alle, die mich haben entdecken lassen, welche
geistliche Kraft im Singen und in der Musik liegt.

Die Deutsche Nationalbibliothek verzeichnet diese Publikation in der Deutschen Nationalbibliographie; detaillierte bibliographische Daten sind im Internet über http://dnb.dnb.de abrufbar.

1. Aufl. 2025

Printed in Germany

Das Buch wurde auf alterungsbeständigem Papier gedruckt.

Bei Fragen zur Produktsicherheit wenden Sie sich bitte an info@eva-leipzig.de.

Bildnachweise: Cover Bijac/AdobeStock, Terrain/AdobeStock; Seiten: 21, 34, 36, 38, 40, 42, 44, 46, 136 Siri Smith; 8, 104, 160 Tharindu/AdobeStock; 26, 27 memomood/AdobeStock; 199 privat; 7, 16, 28, 31, 35, 37, 39, 41, 43, 45, 47, 61, 63, 68, 71, 75, 77, 80, 89, 90, 97, 109, 113, 130, 131, 133, 138, 144, 147, 155, 159, 171, 173, 175, 177, 183, 188 Johannes Goldenstein mit Hilfe von Inkwork (www.codeorgana.com)
Gesamtgestaltung: makena plangrafik, Leipzig
Druck und Binden: CPI books GmbH

ISBN 978-3-96038-421-2
www.eva-leipzig.de

Dieses Buch gehört

Was soll das?

Hi. ☺

Ein geistliche-Lieder-Journal.

Ist es nicht genug, einfach zu singen?

Schon. Nur: Mir jedenfalls kommt beim Singen meistens allerhand in den Sinn. Einfach so. Singen löst etwas aus. In der Seele, im Kopf oder Geist oder Hirn, und im Körper sowieso.

Darum dieses Buch. Als Begleiter beim Singen. Irgendetwas zwischen Journal und Kreativbuch. Dein persönlicher Resonanzraum. Als Anregung, und mit viel Platz für deine Einfälle.

Mit Steckbriefen für Lieder, die du selber entdeckt hast oder die dich gefunden haben. Zum Ausfüllen. Hier im Buch gibt es sieben davon. Du kannst dir einen unausgefüllten kopieren, falls du mehr brauchst.

Mit Erlebnis-Seiten. Zum Dokumentieren, was ein Lied mit dir gemacht hat. Auch davon gibt es hier im Buch nur fünf. Wenn du denkst: ich erlebe aber viel mehr, mach einfach eine Sicherheitskopie vom Formular.

Mit Impulsen zu 51 Liedern. Meine ganz persönliche Auswahl. Lieder, von denen ich finde: Die sollte man kennen! Sie sind nach A bis Z der Liedanfänge sortiert. Und jedes Lied hat mindestens einen

#hashtag, der es einer bestimmten Situation oder einem Anlass zuordnet, zu der oder dem es gut passen könnte. Wenn du meinst: Hier fehlt aber …: Auf Seite 166 findest du die passende Liste ☺.

Mit Vorschlägen für Lieder-Listen. Und einer Menge Ideen, was man mit Liedern sonst alles machen kann. Außer singen.

Wenn du gerne singst: Lass dich inspirieren!

Wenn religiöse Lieder eigentlich nicht so dein Ding sind: Schau doch mal, was es so gibt und was es damit auf sich hat.

Entdecke, was Lieder in dir zum Klingen bringen.

Lass dich überraschen.

Auf Instagram findest du unter **@wennduinmirsingst** eine Social Media Präsenz zu diesem Buch. Dort kannst du in den Kommentaren gerne Anregungen geben.

»Wenn Du in mir singst ...« – ?!

Manche mögen ein Lied vor allem wegen der Musik. Weil es schön klingt. Eine Melodie oder vielleicht nur ein paar Töne, die mir nicht mehr aus dem Ohr gehen. Irgendwann sitzen sie ganz tief in mir drin. Mehr als diese Folge von Tönen, diese Klangfarbe, diesen Rhythmus braucht's nicht.

Andere werden eher vom Text angesprochen. Ein Wort, eine Formulierung, ein Gedanke, eine Liedzeile geht ihnen nicht mehr aus dem Sinn. Ich achte gerne auf Wörter. Auf das, was sie sagen. Und wie sie klingen.

In einem Lied kommen beide zusammen: Töne und Wörter, Musik und Sprache.

Beim Singen kommt dann noch meine Stimme dazu. Ich, so wie ich gerade drauf bin: hellwach oder unausgeschlafen, angestrengt oder tiefenentspannt, begeistert oder gelangweilt, gut gelaunt oder traurig, ängstlich, wütend, nicht mehr ganz nüchtern, zufrieden, freudestrahlend, ...

Die Töne, der Text und ich – erst wenn die drei beieinander sind, ist es mein Lied. Auch wenn jemand anders die Melodie geschrieben hat und noch jemand anders den Text. In der Regel merke ich, ob wir miteinander klarkommen. Denn das gibt's ja auch: dass irgendetwas stört. Ein Ton, der nicht raus will. Zu hoch. Zu tief.

Eine Textzeile, die mir nicht über die Lippen kommt. Sowas sing ich nicht mit, never.

Meistens aber sing ich einfach. Und während ich singe, geschieht etwas mit mir. Resonanz entsteht. Von lateinisch „resonare", auf deutsch „widerhallen", „ein Echo finden". Beim Singen gerate ich in Resonanz mit meinem eigenen Körper. Ich spüre meinen Atem, ich höre meine eigene Stimme, ich merke, wie das, was ich singe, etwas mit mir macht. Und ich komme in Resonanz mit meiner Umwelt. Weil sie mit mir singt. Weil sie mir zuhört. Weil sie auf das, was ich singe, reagiert.

Manchmal ist da noch etwas. Etwas, das sich nicht wirklich fassen lässt. Der „spirit", könnte man sagen. Religiös gesagt: Beim Singen komme ich in Resonanz mit dem, in dem ich bin und der in mir ist: mit Gott. So gesehen, kann Singen etwas Aktives sein – und dabei zugleich etwas Passives. Ich singe – und in mir singt Gott. Sein Geist.

Plötzlich hast du diese Melodie im Kopf. Keine Ahnung, woher die gerade kommt, wann du sie zuletzt gehört hast, warum sie gerade jetzt da ist. Ist es das Lied, das mich fröhlich macht oder tröstet oder antreibt? Ist es die Tätigkeit des Singens, die wirkt? Oder ist da noch mehr? Etwas, jemand anderes?

„Geistliches Lied" sagt: Gott singt mit. Im Herzen und in der Seele, in meinen Gedanken. Er gibt meiner Stimme ihre Kraft.

Das ist die Idee hinter dem Buchtitel.

Dabei kann das Journaling unterstützen: Herausfinden und für mich festhalten, wie das ist und was es mit mir macht, wenn Gott in mir singt.

Ein paar Tipps

- Sei neugierig auf dich.
- Sei neugierig auf die Lieder und das, was sie sagen.
- Sei ehrlich.
- Hab Geduld mit dir.
- Es gibt keine richtigen oder falschen Antworten.
- Nimm dir Zeit.
- Wenn du meinst: „Mehr fällt mir nicht ein." – Warte einen Moment, ob dir nicht doch noch was einfällt.
- Schreib erst einmal für dich selbst. Was davon du mit wem teilen möchtest, kannst du später entscheiden.
- Die Lieder, zu denen es hier Impulse gibt, findest du im Gesangbuch und anderen geistlichen Liederbüchern – und vielleicht am einfachsten mit der Suchmaschine deines Vertrauens im Internet.

So seh' ich aus, wenn ich singe

Druck ein passendes Foto von dir aus und kleb es hier ein.
Oder trau dich und mach eine Zeichnung.

Meine Stimme

	„stimmt"	„stimmt in etwa"	„stimmt nicht"
… gefällt mir	☐	☐	☐
… passt richtig gut zu mir	☐	☐	☐
… ist morgens super schnell wach	☐	☐	☐
… hat sich voll gut entwickelt	☐	☐	☐
… ist schon mal so positiv aufgefallen, dass ich darauf angesprochen wurde	☐	☐	☐
… braucht manchmal echt lang, bis sie klingt, wie sie soll	☐	☐	☐

… klingt am besten, wenn

… erinnert manchmal an

tell your story

Hast du mit einem Lied eine besondere Geschichte?
Schreib sie auf.

Der Soundtrack meines Lebens

Diese Musik höre ich gern:
(Wann?)

Bei diesen Liedern singe ich gerne (und laut!) mit:
(Wann?)

Diese Musik hat mich zu bestimmten Anlässen oder in einer Phase meines Lebens besonders begleitet:

An wie viele deiner persönlichen Playlists erinnerst du dich?

Sind darauf auch geistliche Lieder (Kirchenlieder, Kirchentags-Lieder, christliche Popsongs, Gospels, ...)? Welche?

Welche Musik, die eigentlich nicht religiös ist, hat für dich religiöse Bedeutung? (Trost, Hilfe, gegen Einsamkeit, ...)

Hast du mal jemandem einen Musik-Mix zusammengestellt?

Erzähl …

Strophenweise

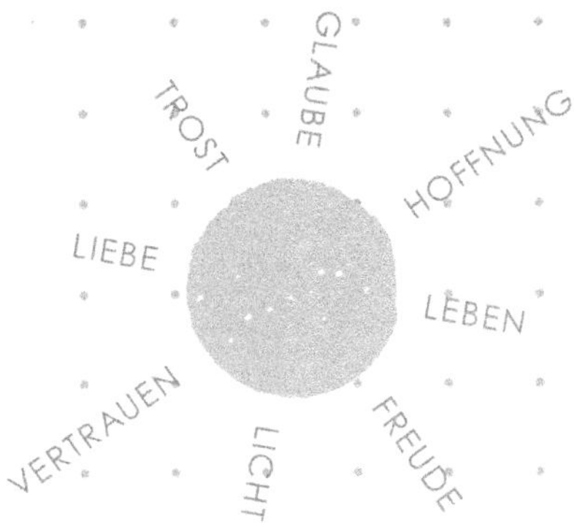

Welche Zeile oder Strophe aus einem Lied würdest du dir als Postkarte an deine Pinnwand oder an den Kühlschrank kleben? Hier kannst du sie aufschreiben. Bevor du eine Karte draus machst… Womöglich gibt's mehrere, und du hast die Qual der Wahl.

Ich singe

weil …

- [ ] es mich glücklich macht
- [ ] Singen schön macht
- [ ] es meinen Stress reduziert
- [ ] es manchmal fast wie Meditieren ist
- [ ] ich Belastendes und Ängstigendes dann besser aushalte
- [ ] Singen Herz und Kreislauf stärkt – und jede Menge Muskeln
- [ ] es mein Gehirn trainiert
- [ ] es meine Seele schützt
- [ ] ich mich dann besser konzentrieren kann
- [ ] es manchmal gut tut, laut zu singen
- [ ] Singen verbindet – auch emotional
- [ ] ich nach dem Singen besser schlafen kann
- [ ] ....

Hier sing' ich besonders gern:

- [ ] unter der Dusche
- [ ] im Stadion (welche Sportart?) ....
- [ ] beim Putzen & Abwaschen
- [ ] beim Karaoke
- [ ] in der Kirche/ beim Gottesdienst
- [ ] bei der Demo
- [ ] zum Geburtstag
- [ ] in der Weihnachtszeit
- [ ] beim Wandern
- [ ] beim Autofahren
- [ ] ....
- [ ] ....

Und hier am liebsten:

....

Singen bedeutet für mich

....

....

Hast du schon mal in einem Chor gesungen?

....

Warst du schon mal beim „Rudelsingen"®?

....

Hast du mal einen Flashmob erlebt? (oder sogar bei einem mitgemacht?)

....

Und wer singt bei dir noch so alles?

- ☐ Partner/in
- ☐ Kinder
- ☐ der Lautsprecher
  - ☐ Bluetooth
  - ☐ nö, mit Kabel
- ☐ die Vögel draußen
- ☐ eine Zwitscherbox
- ☐ der Staubsauger
- ☐ meine Fahrradreifen
- ☐ die Waschmaschine (im Schleudergang)

Ich singe eigentlich gar nicht so gern.

- ☐ Mir fällt es oft schwer, die Töne zu treffen.
- ☐ Das ist mir dann unangenehm.
- ☐ Ich hab früher oft gehört: „Du kannst nicht (gut) singen!"

Wenn du eines der letzten drei Kästchen angekreuzt hast, dann schau mal in das Buch „Der einarmige Pianist" von Oliver Sacks (deutsch 2008; die Originalausgabe heißt „Musicophilia. Tales of Music and the Brain", 2007). Bei unserer Geburt können wir noch alle singen. Nur 5 % der Menschen können wirklich nicht singen. Dafür gibt's unterschiedliche Gründe. Bei allen anderen ist der Grund meistens, dass man es uns eingeredet hat.

#nichtohnediesesLied

Manchmal ist eine ganze Playlist gut. Manchmal braucht es nur ein einziges Lied. Na gut, oder zwei. Mach dir hier deine Liste mit den wichtigsten Liedern für bestimmte Anlässe und Situationen.

den Tag beginnen ....

schlafen gehen ....

Geburtstag ....

Weihnachten ....

....

Mut brauchen (oder machen) ....

....

achtsam sein ....

meine Träume ....

protestieren ....

tanzen ....

eine Hymne ....

Sommerausflug ....

pilgern ....

krank sein ....

sterben ....

verliebt sein ....

....

....

....

....

....

....

....

....

....

#verstehichnich

Liedzeile/Aussage, die ich beim Singen nicht verstanden habe:

?

aus dem Lied

Erklärung, die ich gefunden habe:

Liedzeile/Aussage, die ich beim Singen nicht verstanden habe:

?

aus dem Lied

Erklärung, die ich gefunden habe:

Liedzeile/Aussage, die ich beim Singen nicht verstanden habe:

?

aus dem Lied

Erklärung, die ich gefunden habe:

Liedzeile/Aussage, die ich beim Singen nicht verstanden habe:

?

aus dem Lied

Erklärung, die ich gefunden habe:

Liedzeile/Aussage, die ich beim Singen nicht verstanden habe:

?

aus dem Lied

Erklärung, die ich gefunden habe:

Liedzeile/Aussage, die ich beim Singen nicht verstanden habe:

?

aus dem Lied

Erklärung, die ich gefunden habe:

Schwarze Liste

Das möchte ich **NIE MEHR** singen!	Warum?

Nimm einen Eintrag aus dieser Liste und schreib einen Beschwerdebrief: an den Dichter oder an die Person, die das Lied zum Singen ausgewählt hat. Oder an das Gesangbuch. Versuch zu beschreiben, was dich stört. Verlang eine Erklärung, wie es zu dieser unmöglichen Formulierung kommen konnte. Vielleicht hast du ja einen Verdacht. Oder einen Verbesserungsvorschlag. Schreib ihn einfach dazu.

Über die Entstehungsgeschichte von vielen Liedern kann man sich übrigens ganz gut informieren. Manches findest du im Internet. Wenn du mehr wissen möchtest, gibt es ein ganzes Forschungsgebiet. Es heißt „Hymnologie" (Lehre von den Kirchenliedern). Was dort erforscht wird, wird auch veröffentlicht. Zum Evangelischen Gesangbuch (1993) gibt es zum Beispiel die „Liederkunde". Darin sind 535 Lieder erklärt. Für das neue Gesangbuch, das gerade entsteht, gibt es die digitale Plattform „mitsingen.de" mit entsprechenden Informationen zu den Liedern.

#singenmachtgesund

Singen ist wie Medizin. Leg dir deine persönliche Lied-Haus-apotheke an: bewährte oder neu entdeckte Lieder gegen …

Kranksein

Herzschmerz

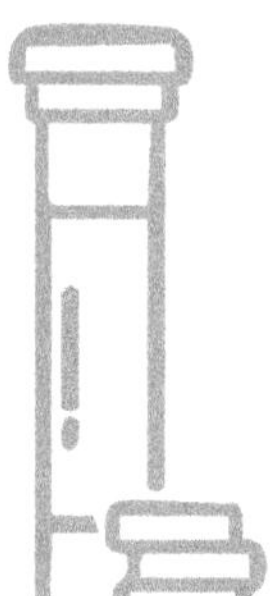

Fernweh

Traurigkeit/den Blues

……………………………………

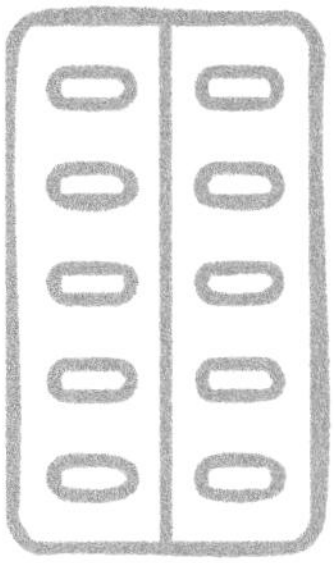

Einsamkeit

Sehnsucht

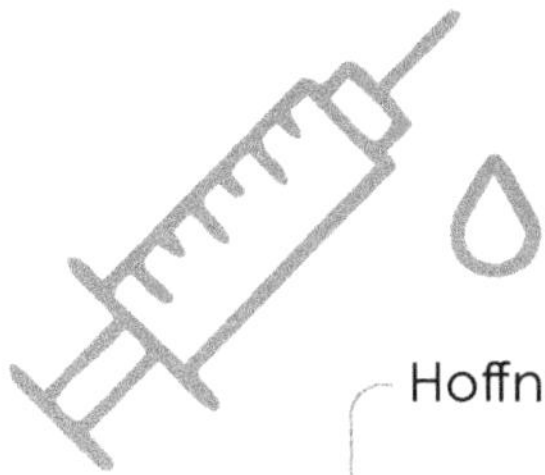

Hoffnungslosigkeit

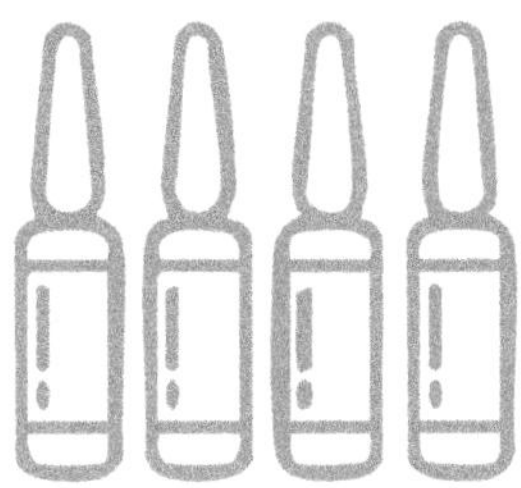

Hass

....

Singen fördert die Gesundheit. Das ist mittlerweile wissenschaftlich erwiesen.

Superlative!

Schönste Melodie

Beliebtester Dichter

Liebster Text

Berühmtester Komponist

Am häufigsten (von mir) gesungen

Mein erstes Lied, an das ich mich erinnere

Das älteste Lied, das ich kenne

Liste der (zu Unrecht!) ungesungenen Lieder

-
-
-
-
-
-
-
-
-
-
-
-

Liederdichter, die man kennen sollte

In diesem Buchstabensalat sind die Namen von 15 Menschen versteckt, die bekannte geistliche Liedtexte geschrieben haben. Findest du sie?

Die Namen können in alle Richtungen geschrieben sein. Auch von rechts nach links, diagonal, oder von unten nach oben.

H	J	R	S	U	I	D	U	A	L	C	H	M	G
A	F	R	Z	G	W	W	B	O	C	H	S	R	U
K	L	E	P	P	E	R	L	U	T	E	B	F	B
I	K	B	F	I	C	R	U	C	I	G	E	R	O
W	E	A	S	E	R	E	T	U	Z	E	Y	A	R
E	U	S	O	R	U	P	H	R	N	H	G	E	L
E	E	B	O	N	H	O	E	F	F	E	R	E	R
O	C	I	H	M	E	Q	R	U	R	N	A	D	E
N	K	E	R	A	Y	U	F	H	S	K	N	T	A
F	E	R	I	G	T	E	A	L	U	Y	K	T	Y
B	R	A	N	D	T	R	E	R	T	S	E	I	L
M	T	A	E	N	D	A	U	N	O	T	E	N	W
E	R	T	N	T	R	A	U	T	W	E	I	N	C
R	E	S	C	Z	E	N	D	O	G	L	I	S	S

Die Auflösung findest du auf Seite 198.

Vorräte sammeln

Diese Lieder gehören in (m)ein Vorratsglas:

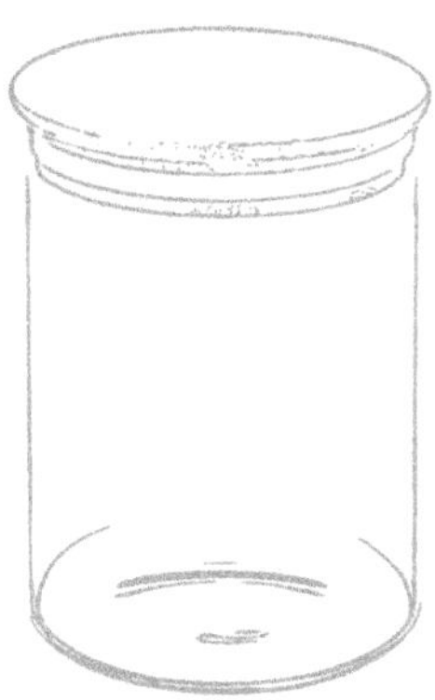

(Du kannst natürlich wirklich ein Glas oder eine Dose nehmen, schön beschriften und gestalten und mit kleinen Zetteln befüllen, auf denen jeweils eine Liedzeile steht.)

Ein Lied als Gesprächspartner*in

Schreib hier eine Liedstrophe auf, die dich anspricht.

Warum hast du sie ausgewählt? Was ist dir wichtig oder wertvoll daran? Was hat dich bewegt, sie hier festzuhalten? Schreib etwas dazu auf und notiere das Datum deines Eintrags.

Schau dir diese Seite immer wieder einmal an. So alle 4 Wochen, vielleicht. Lies die Liedstrophe. Achte darauf, was dir dabei spontan in den Sinn kommt: Was löst die Strophe jetzt gerade bei dir aus? Füge jedes Mal eine Bemerkung oder einen Kommentar, ein Bild hinzu. Mit Datum.

Titel

Text von

Musik von

Bewertung

Zum 1. Mal gesungen am

Wo?

Das Lied handelt von
(sag's in 3 Worten)

Bester Gedanke

Meine Lieblingsstrophe

Ein perfektes Lied zum

- ☐ Fröhlichsein
- ☐ Getröstetwerden
- ☐ Tanzen
- ☐ Miese-Laune-Vertreiben
- ☐ Schwelgen in ...
- ☐ Mut machen
- ☐ ....

Wenn dieses Lied eine Farbe wär, wäre es

Wenn dieses Lied Schokolade wäre,

DAMIT hätte ich nicht gerechnet

Klingt am besten mit ...

- ☐ Orgel
- ☐ Bläsern
- ☐ Band
- ☐ ganz vielen
- ☐ Chor
- ☐ ohne alles

Titel

Text von

Musik von

Bewertung

Zum 1. Mal gesungen am

Wo?

Das Lied handelt von
(sag's in 3 Worten)

Bester Gedanke

Meine Lieblingsstrophe

Ein perfektes Lied zum

- ☐ Fröhlichsein
- ☐ Getröstetwerden
- ☐ Tanzen
- ☐ Miese-Laune-Vertreiben
- ☐ Schwelgen in ...
- ☐ Mut machen
- ☐ ....

Wenn dieses Lied eine Farbe wär, wäre es

Wenn dieses Lied Schokolade wäre,

DAMIT hätte ich nicht gerechnet

Klingt am besten mit ...

- ☐ Orgel
- ☐ ganz vielen
- ☐ Bläsern
- ☐ Chor
- ☐ Band
- ☐ ohne alles

Titel

Text von

Musik von

Bewertung

Zum 1. Mal gesungen am

Wo?

Das Lied handelt von (sag's in 3 Worten)

Bester Gedanke

Meine Lieblingsstrophe

Ein perfektes Lied zum

- ☐ Fröhlichsein
- ☐ Getröstetwerden
- ☐ Tanzen
- ☐ Miese-Laune-Vertreiben
- ☐ Schwelgen in ...
- ☐ Mut machen
- ☐ ....

Wenn dieses Lied eine Farbe wär, wäre es

Wenn dieses Lied Schokolade wäre,

DAMIT hätte ich nicht gerechnet

Klingt am besten mit ...

☐	Orgel	☐	ganz vielen
☐	Bläsern	☐	Chor
☐	Band	☐	ohne alles

Titel

Text von

Musik von

Bewertung

Zum 1. Mal gesungen am

Wo?

Das Lied handelt von
(sag's in 3 Worten)

Bester Gedanke

Meine Lieblingsstrophe

Ein perfektes Lied zum

☐ Fröhlichsein

☐ Getröstetwerden

☐ Tanzen

☐ Miese-Laune-Vertreiben

☐ Schwelgen in …

☐ Mut machen

☐ ....

Wenn dieses Lied eine Farbe wär, wäre es

Wenn dieses Lied Schokolade wäre,

DAMIT hätte ich nicht gerechnet

Klingt am besten mit …

☐ Orgel ☐ ganz vielen

☐ Bläsern ☐ Chor

☐ Band ☐ ohne alles

Titel

Text von

Musik von

Bewertung

Zum 1. Mal gesungen am

Wo?

Das Lied handelt von
(sag's in 3 Worten)

Bester Gedanke

Meine Lieblingsstrophe

Ein perfektes Lied zum

- [ ] Fröhlichsein
- [ ] Getröstetwerden
- [ ] Tanzen
- [ ] Miese-Laune-Vertreiben
- [ ] Schwelgen in ...
- [ ] Mut machen
- [ ] ....

Wenn dieses Lied eine Farbe wär, wäre es

Wenn dieses Lied Schokolade wäre,

DAMIT hätte ich nicht gerechnet

Klingt am besten mit ...

- [ ] Orgel
- [ ] Bläsern
- [ ] Band
- [ ] ganz vielen
- [ ] Chor
- [ ] ohne alles

Titel

Text von

Musik von

Bewertung

Zum 1. Mal gesungen am

Wo?

Das Lied handelt von
(sag's in 3 Worten)

Bester Gedanke

Meine Lieblingsstrophe

Ein perfektes Lied zum

- ☐ Fröhlichsein
- ☐ Getröstetwerden
- ☐ Tanzen
- ☐ Miese-Laune-Vertreiben
- ☐ Schwelgen in ...
- ☐ Mut machen
- ☐ ....

Wenn dieses Lied eine Farbe wär, wäre es

Wenn dieses Lied Schokolade wäre,

DAMIT hätte ich nicht gerechnet

Klingt am besten mit ...

- ☐ Orgel
- ☐ ganz vielen
- ☐ Bläsern
- ☐ Chor
- ☐ Band
- ☐ ohne alles

Titel

Text von

Musik von

Bewertung

Zum 1. Mal gesungen am

Wo?

Das Lied handelt von
(sag's in 3 Worten)

Bester Gedanke

Meine Lieblingsstrophe

Ein perfektes Lied zum

- [ ] Fröhlichsein
- [ ] Getröstetwerden
- [ ] Tanzen
- [ ] Miese-Laune-Vertreiben
- [ ] Schwelgen in ...
- [ ] Mut machen
- [ ] ....

Wenn dieses Lied eine Farbe wär, wäre es

Wenn dieses Lied Schokolade wäre,

DAMIT hätte ich nicht gerechnet

Klingt am besten mit ...

- [ ] Orgel
- [ ] ganz vielen
- [ ] Bläsern
- [ ] Chor
- [ ] Band
- [ ] ohne alles

#liedundleben #lebenundlied: Erlebnis-Seite

Datum

Was in meinem Leben gerade passiert:

Ich singe gerade besonders gerne das Lied

Es ist mir zurzeit besonders wichtig, weil …

Besonders inspirierend finde ich folgende Zeilen aus dem Lied:

Meine wichtigste(n) Erkenntnis(se) aus diesem Lied:

Wie hat sich meine Sicht auf das, was in meinem Leben geschieht, durch dieses Lied verändert?

#liedundleben #lebenundlied: Erlebnis-Seite

Datum

Was in meinem Leben gerade passiert:

Ich singe gerade besonders gerne das Lied

Es ist mir zurzeit besonders wichtig, weil …

Besonders inspirierend finde ich folgende Zeilen aus dem Lied:

Meine wichtigste(n) Erkenntnis(se) aus diesem Lied:

Wie hat sich meine Sicht auf das, was in meinem Leben geschieht, durch dieses Lied verändert?

#liedundleben #lebenundlied: Erlebnis-Seite

Datum

Was in meinem Leben gerade passiert:

Ich singe gerade besonders gerne das Lied

Es ist mir zurzeit besonders wichtig, weil …

Besonders inspirierend finde ich folgende Zeilen aus dem Lied:

Meine wichtigste(n) Erkenntnis(se) aus diesem Lied:

Wie hat sich meine Sicht auf das, was in meinem Leben geschieht, durch dieses Lied verändert?

#liedundleben #lebenundlied: Erlebnis-Seite

Datum

Was in meinem Leben gerade passiert:

Ich singe gerade besonders gerne das Lied

Es ist mir zurzeit besonders wichtig, weil ...

Besonders inspirierend finde ich folgende Zeilen aus dem Lied:

Meine wichtigste(n) Erkenntnis(se) aus diesem Lied:

Wie hat sich meine Sicht auf das, was in meinem Leben geschieht, durch dieses Lied verändert?

#liedundleben #lebenundlied: Erlebnis-Seite

Datum

Was in meinem Leben gerade passiert:

Ich singe gerade besonders gerne das Lied

Es ist mir zurzeit besonders wichtig, weil …

Besonders inspirierend finde ich folgende Zeilen aus dem Lied:

Meine wichtigste(n) Erkenntnis(se) aus diesem Lied:

Wie hat sich meine Sicht auf das, was in meinem Leben geschieht, durch dieses Lied verändert?

#vertrauen
#hoffnung
#lebensweg
#weitergehen

Befiehl du deine Wege

Text: Paul Gerhardt 1653 | Melodie: Bartholomäus Gesius 1603; bei Georg Philipp Telemann 1730

Auf welchen Wegen bist du gerade unterwegs? Schreib alle auf. Die regelmäßigen. Die besonderen. Auch die allerkürzesten. Die längeren sowieso. Oder gestalte deinen Lebensweg: mit einer Zeichnung, Symbolen, Zitaten, Bildern, ...

Welchen Weg möchtest du Gott gerade „befehlen"?
(altertümlicher Ausdruck für „anvertrauen")

Fang ein
Gespräch an.

#segen
#hilfe
#schutz
#not
#frieden

Bewahre uns, Gott

Text: Eugen Eckert (1985) 1987 | Melodie: Anders Ruuth (um 1968) 1984 „La paz del señor“

Wovor hast du am meisten Angst?

Was stärkt deinen Glauben?

Wem wünschst du, dass Gott ihn/sie bewahrt und behütet?

So hab ich Segen erfahren:

#abendmahl
#erbarmen
#agnusdei
#lammgottes
#gott #schuld
#leid #frieden

Christus, Antlitz Gottes

Text: Susanne Kayser, Ilona Schmitz-Jeromin und Jochen Arnold 2008/2009 | Musik: Jochen Arnold 2008/2009

Was zerreißt dich innerlich?
Wo bist du gespalten?

Wo siehst du Leid in anderen?

Welche Schuld möchtest du loslassen?

Wie verstehst du das Bild vom „Lamm Gottes“?

Male einen Kreis. Innen dein Schmerz.
Außen, wie und womit Christus dir nah ist.

#abendmahl
#glauben
#sattwerden
#kirche

Dank sei dir, Vater, für das ewge Leben

Text: Maria Luise Thurmair 1970 | Melodie: Johann Crüger 1640 („Lobet den Herrn und dankt ihm seine Gaben“)

Wie würdest du deine Essgewohnheiten beschreiben?

Was bedeutet dir das Abendmahl?

Erinnerst du dich an eine besondere Abendmahlsfeier?
Was hat dich da berührt?

#passionszeit
#trost
#vergebung
#liebe
#freisein

Das Kreuz ist aufgerichtet

Text: Kurt Ihlenfeld 1967 | Melodie: Manfred Schlenker 1977; andere Melodie: O Welt, ich muss dich lassen

Welchen Moment in deinem Leben würdest du gerne anders wiederholen? Glaubst du, dass jede/r eine zweite Chance verdient?

„Die Liebe will verborgen sein." – „Echt?" – „Ja, so ist das."

Schreib deine Gedanken dazu auf.

Welchen Preis hat Freiheit?

#abend
#nacht
#tageszeit
#aufatmen

Der Lärm verebbt

Text: Jürgen Henkys (1986) 1990 nach dem schwedischen „Nu sjunker bullert" von Lars Thunberg 1973 | Melodie: schwedische Volksweise

Stell dich in Gedanken an den Strand.
Abend.
Ablaufendes Wasser im Wattenmeer.
Hör den Wind und das Plätschern der Brandung.
Mit jeder Bewegung fließt ein Gedanke, eine Last
dieses Tages hinaus ins Meer.
Hör weiter zu, wie das Wasser kommt und geht.
Hörst du dazwischen die Melodie des Liedes?
Fang an zu summen.

Hier ist Platz für das, was du bewahren möchtest – oder aufschreiben, damit es für heute Nacht auch verebben kann.

#abend
#nacht
#tageszeit
#innehalten

Der Mond ist aufgegangen

Text: Matthias Claudius 1779 | Melodie: Johann Abraham Peter Schulz 1790

Welche Sehnsucht weckt dieses Lied in dir?

Wo findest du Geborgenheit?

Stell dir vor du bist die Frau/der Mann im Mond und schaust von dort auf die Erde. Wie verändert sich das Lied?

#ostern #frühling
#auferstehung
#hoffnung
#neuesleben
#lebendigkeit
#trotzkraft

Der schöne Ostertag

Text: Jürgen Henkys 1983 frei nach dem englischen „This joyful Eastertide“ von George Ratcliffe Woodward 1894 und dessen niederländischer Vorlage „Hoe groot de vrugten zijn“ von Joachim Frants Oudaan 1684 | Melodie: bei Dirk Raphaelszoon Camphuysen 1624

Wo hast du schon einmal erlebt, dass aus Dunkelheit neues Leben entstanden ist?

Wie stellst du dir deine eigene Auferstehung vor?

Aus welchem „Tod“ möchtest du schon hier und jetzt auferstehen? Was macht deinen Ostertag hell?

Gestalte diese Seite so, dass sie für Licht, Auferstehung und Neubeginn steht.

Schreib einen Brief an jemanden, der Trost oder Licht braucht – mit Osterwörtern.

#mittag
#tageszeit
#tischgebet
#innehalten
#segen

Der Tag ist seiner Höhe nah

Text: Jochen Klepper 1938 | Melodie: Fritz Werner 1949

„Er segnet, was den Segen sucht..."

Wofür suchst du gerade Gottes Segen?

Wer sucht noch? Weißt du Näheres?

Meine Mahlzeit heute (Dokumentiere sie hier. Mit Worten, Bildern oder anderen Spuren ☺)

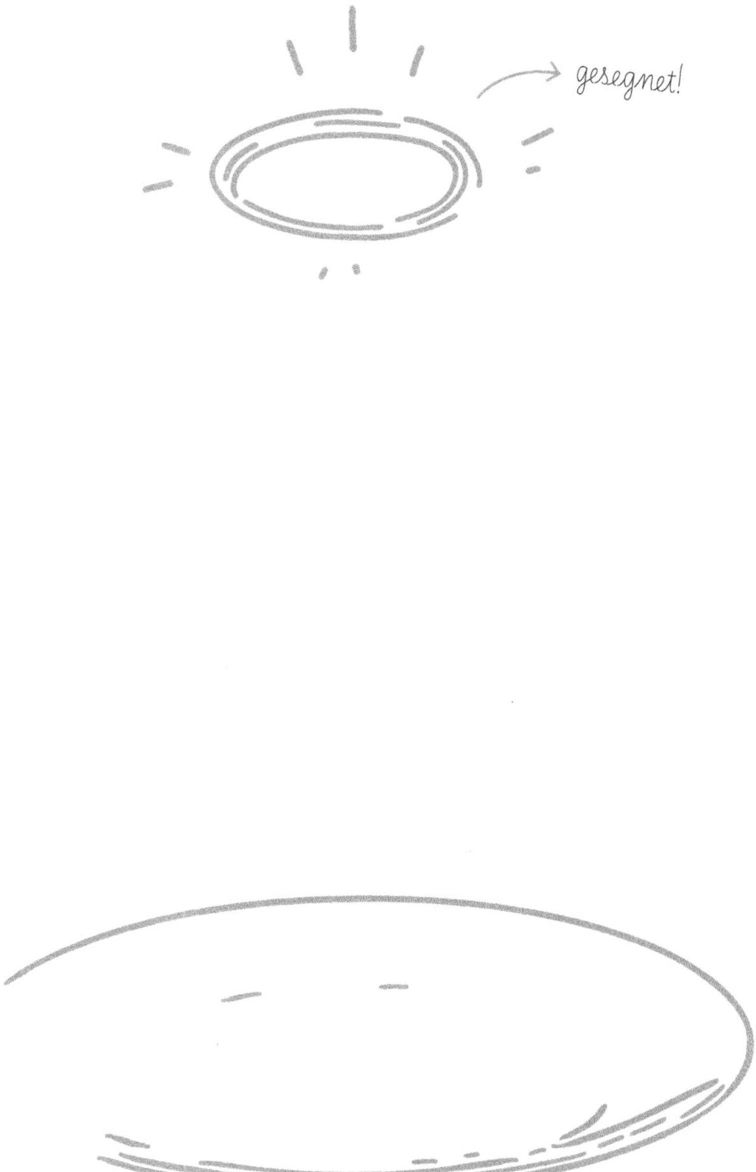

#achtung
#würde
#liebe
#erzählen
#gesehenwerden

Du bist ein Gott, der mich anschaut

Text: Susanne Brandt 2016 | Melodie: Miriam Buthmann 2016

Fühlst du dich gesehen?
Wo oder von wem nicht?

Was macht dich einzigartig?

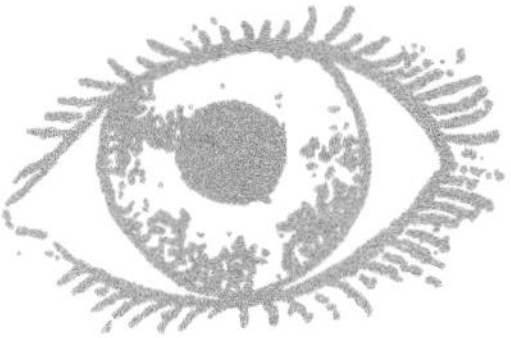

Was bist du nicht, wärst es aber gern?

#loben
#psalm146
#singen
#erzählen

Du meine Seele, singe

Text: Paul Gerhardt 1653 | Melodie: Johann Georg Ebeling 1666

„Deine Seele ist zum Singen berufen."

Hanna Hümmer

Was macht die Melodie des Liedes mit dir?

Was möchtest du deiner Seele sagen? Schreib ihr einen Brief. Oder eine Postkarte. (Wenn du eine Idee brauchst: Schau einfach im Lied nach.)

#vertrauen
#trotz
#zuversicht
#schutz
#kirche

Ein feste Burg ist unser Gott

Text & Melodie: Martin Luther 1529

Lies das Lied laut. Wo springt dein Herz an?

Was gibt dir Sicherheit in unsicheren Zeiten? Wer oder was schützt dich, wenn du angegriffen wirst – innerlich oder äußerlich?

Mach eine Collage aus allem, was heute Stärke und Zuflucht symbolisiert. Überleg, welche geistliche Bedeutung diese Symbole haben können.

„Mit unsrer Macht ist nichts getan..." – Was bedeutet es für dich, dass nicht deine Kraft entscheidet?

Lies Psalm 46. Was spricht dich stärker an: der Psalm oder das Lied? Warum?

#morgen
#tageszeit
#anfangen

Er weckt mich alle Morgen

Text: Jochen Klepper 1938 | Melodie: Rudolf Zöbeley 1941

Wann hast du das letzte Mal bewusst den Morgen als Geschenk wahrgenommen?

Wovon wirst du am liebsten geweckt?

- [ ] Vogelgezwitscher
- [ ] Klingelton
- [ ] Musik/Radio
- [ ] PartnerIn/Kind(er)/Eltern
- [ ] Haustier
- [ ] innere Uhr
- [ ] volle Blase ☺
- [ ] Kaffeeduft

Dein Tag. Dein Klang: Wie soll dein Tag heute klingen?

Stell dir vor, genau mit diesem Lied weckt Gott dich. Und dann beginnt er mit dir den Tag. Der heutige Tag als Rendezvous mit Gott. Wie wär das?

Gestalte dir eine kleine Segenskarte zum Mitnehmen. Auf der Vorderseite: „Er weckt mich alle Morgen". Auf der Rückseite: Dein persönliches Gebet oder ein Segenswort.

#heiligergeist
#hoffnung
#gnade
#licht #liebe
#glauben

Erschein, du heilger Geist

Text: Dieter Trautwein nach einem arabischen Original
Melodie: aus dem Libanon

Welche Talente hast du?
Was kannst du gut?

Welche Antworten suchst du?

Was tust du, wenn du traurig bist?

Hattest du schon mal eine Fern-Beziehung?
Was hilft dir, treu zu bleiben?

Was bedeutet für dich „Die Liebe bleibt bestehen“?

Gestalte das Wort „ALLEZEIT“ in verschiedenen Farben.

#hoffnung
#zukunft
#erlösung
#gerechtigkeit

Es kommt die Zeit, in der die Träume sich erfüllen

Text: Gerhard Schnath 1975, Rudolf Otto Wiemer 1989
Melodie: Peter Janssens 1975

Welche Träume haben sich in deinem Leben schon erfüllt? Bei welchen würde es langsam mal Zeit?

Was ist dein Traum für diese Welt?

Tust du was für deine Träume?

Was erwartest du von Gott?

Wie würde es sich anfühlen, wenn du dafür sorgen könntest, dass jemandes Traum wahr wird?

#natur
#sommer
#jahreszeiten
#himmel
#ewigkeit
#geistliches-volkslied

Geh aus, mein Herz, und suche Freud

Text: Paul Gerhardt 1653 | Melodie: August Harder vor 1813

Hast du dieses Lied schon mal auf einer Schaukel gesungen? Nein? Dann such dir eine. (Wenn man ein paar Strophen auswendig kann, geht schaukelnd singen erheblich leichter ☺)

Baum und Schaukel sind schon da. Mal den Garten dazu. Mit deinen Lieblingspflanzen. Und mit Tieren. Gibt's auch einen Wasserlauf oder einen Brunnen? Und deinen Lieblingsplatz? Oder bist du selbst der Baum (siehe Strophe 14)?

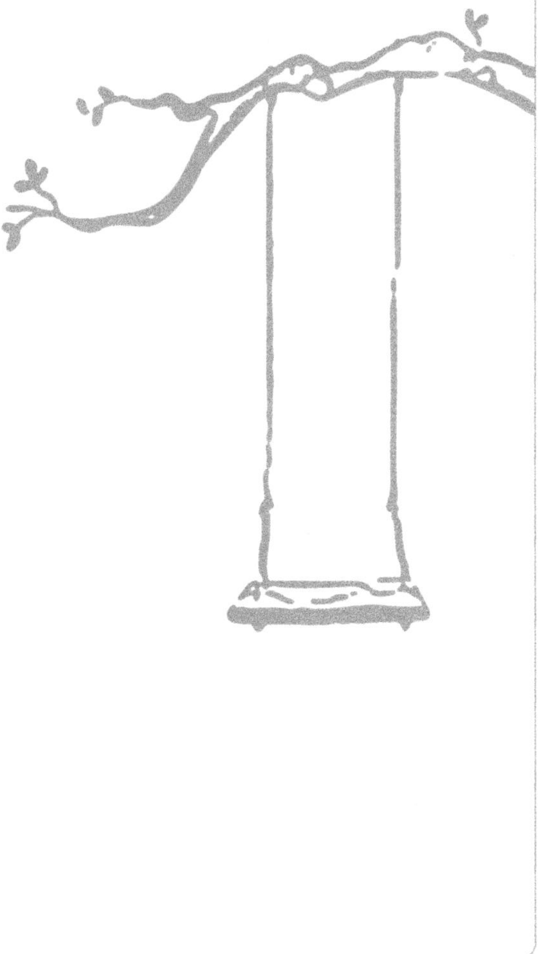

Trockne deine
Lieblingsblume
und kleb sie ein.

#weihnachten

Gelobet seist du, Jesus Christ

Text: Str. 1 Medingen um 1380; Str. 2-7 Martin Luther 1524
Melodie: Medingen um 1460, Wittenberg 1524

Weihnachten durchs Schlüsselloch. Was siehst du?

Das ewig Licht geht da herein, gibt der Welt ein' neuen Schein; es leucht' wohl mitten in der Nacht und uns des Lichtes Kinder macht. Kyrieleis.

#schöpfung
#erde
#natur
#gerechtigkeit
#zukunft

God of the Galaxies (Honor the Earth)

Text: Shirley Erena Murray 1992 | Melodie: Douglas Mews

Galaxien, kleinste Samen, ... – Was lässt dich über die Schöpfung staunen?

Das Lied erzählt davon, dass alles Leben miteinander verbunden ist. Leben als „a holy thing", „a whole", „linking each creature". Wo spürst du diese besondere Verbindung zur Schöpfung in deinem Leben?

Schreib Gott einen Brief. Sag ihm, wie dein Zukunftsbild der Erde aussieht. Überlege, welche Rolle du bei der Erneuerung der Welt spielen könntest & möchtest.

#schöpfung
#sinne
#lebendigkeit
#handeln

Gott gab uns Atem, damit wir leben

Text: Eckart Bücken 1982 | Melodie: Fritz Baltruweit 1982

Mit allen Sinnen glauben. Was ist dein wichtigstes Sinnesorgan?

Was macht dich lebendig?
Wie fühlt sich das an?

Gibt es jemand, der/dem du gern Luft verschaffen möchtest? Was wäre dazu nötig? Wäre das möglich? Geht das vielleicht sogar?

Großer Gott, wir loben dich

#loben
#danken

Text: Ignaz Franz 1768 nach dem „Te Deum laudamus“ 4. Jh. | Melodie: Lüneburg 1668, Wien um 1776, Leipzig 1819

Sammle, wofür du Gott loben möchtest.
(Schreib es auf oder kleb es hier ein.)

Mein Gotteslob-Fenster.

#epiphanias

Herr Christ, der einig Gotts Sohn

Text: Elisabeth Cruciger 1524 | Melodie: 15. Jh.; geistlich Erfurt 1524

Wer ist Jesus Christus für dich?

Worum möchtest du ihn bitten?

#sterben
#tod #abschied
#ewigesleben
#bestattung
#trauer #zukunft
#vergänglichkeit

Herr, lehre uns, dass wir sterben müssen

Text: Lother Petzold 1973 | Melodie: Gerhart Schnitter 2002

Auf welche „Brücken" in deinem Leben kannst du vertrauen? Welche haben sich als brüchig erwiesen?

Male oder zeichne eine Brücke zwischen den beiden Seiten. Oder kleb ein Bild von einer Brücke ein. Was liegt auf der einen Seite, was auf der anderen? Schreib es dazu.

Denkst du manchmal über das Sterben und den Tod nach? Wo und wie erlebst du Vergänglichkeit? Was löst das bei dir aus?

#abend
#nacht
#tageszeit

Hinunter ist der Sonne Schein

Text: Nikolaus Herman 1560 | Melodie: Melchior Vulpius 1609

Weltordnung an der Schwelle zur Nacht.
Wo verortest du dich heute?

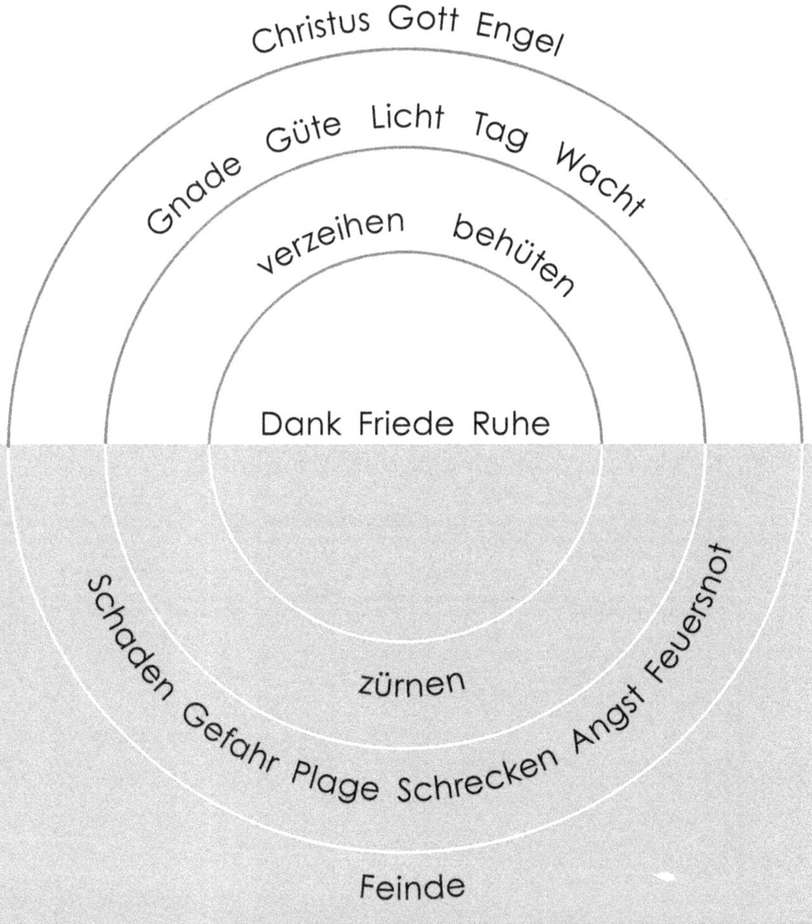
Christus Gott Engel
Gnade Güte Licht Tag Wacht
verzeihen behüten
Dank Friede Ruhe
zürnen
Schaden Gefahr Plage Schrecken Angst Feuersnot
Feinde

#taufe
#tauferinnerung

Ich bin getauft auf deinen Namen

Text: Johann Jakob Rambach 1735 | Melodie: bei Johann Balthasar König 1738 („O dass ich tausend Zungen hätte")

Ich bin getauft.

am

in

Mein Taufspruch:

Platz für ein Foto oder eine andere Erinnerung

Taufe bedeutet für mich:

Die letzte Taufe, die ich erlebt habe,

#loben
#danken
#glück

Ich lobe meinen Gott

Text: Strophe 1 Gitta Leuschner nach dem französischen „Je louerai l'Eternel" von Louis Segond; Strophe 2 und 3 unbekannte/r Verfasser/in | Melodie: Claude Fraysse 1976

Was bringt eine wilde / verborgene Seite in dir zum Leben?

Wie bleibst du dir selbst treu?

Was, das du jetzt weißt, hättest du gern früher gewusst?

Was würdest du gern einmal tun?

#vertrauen
#angst
#hilfe
#psalm121

Ich seh empor zu den Bergen

Text: Ute Passarge 2009 (nach Psalm 121) | Melodie: Andreas Lettau 2009

Zeichne die Berge, die gerade vor dir liegen.
Gib ihnen Namen. Wie steil sind die Wege?

Gott als Bergführer, Bergretter, Weggefährte:
Wie kann er dir helfen? Sag's ihm.

Stell dir vor, du bist oben angekommen. Was für eine Aussicht! Schau von dort oben auf den Weg, der hinter dir liegt. Vergleiche die Perspektiven vorher und nachher.

#loben
#danken

Ich singe dir mit Herz und Mund

Text: Paul Gerhardt 1653 | Melodie: Johann Crüger 1653 nach Pierre Davantès 1562 („Nun danket all und bringet Ehr")

Sing your heart out!
Und hinterlass hier Spuren davon.

… und was singst du
eher nur im Herzen?

*„… da ist mitnichten nichts in der Welt,
das nicht ein Schall und Laut von sich gebe."*

Martin Luther

#glaube
#liebe
#hoffnung
#erneuern

Ins Wasser fällt ein Stein

Text: Manfred Siebald 1973 nach dem englischen „Pass it on“ (von Kurt Kaiser) | Melodie: Kurt Kaiser (1965) 1969

Zeichne, wie der Stein im Wasser Kreise zieht.
Kreis für Kreis für Kreis ...
Denk dabei über Gottes Liebe nach.

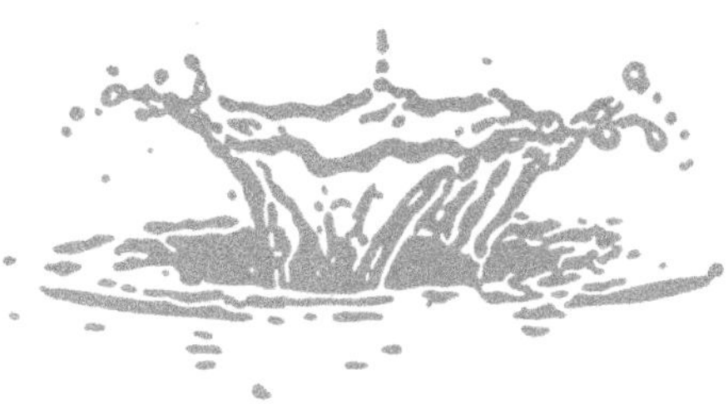

#lebensweg
#weitergehen
#nachfolge
#treusein

Jesu, geh voran

Text: Nikolaus Ludwig von Zinzendorf (1721) 1725, London 1753, bearbeitet von Christian Gregor 1778 | Melodie: Adam Drese 1698

Schau mal, da vorn geht Jesus! Wo geht er wohl hin? Willst du auch dorthin gehen? Und warum nicht?

„You‘re the Voice.“

John Farnham, 1986

„Manchmal ist es gut zu singen im Geist, ohne Wörter.“

Verfasser unbekannt

„Man darf in der Kirche laut mitsingen, selbst wenn man einen Viertelton danebenliegt.“

Dorothee Bär im ZEIT-Magazin 2/2025

„Thank you for the music, the songs I'm singing,
thanks for all the joy they're bringing.
Who can live without it? I ask in all honesty.
What would life be
without a song or a dance, what are we?
So I say thank you for the music,
for giving it to me.“

Benny Goran Bror Andersson & Bjoern K. Ulvaeus

#loben
#danken
#geburtstag

Lobe den Herren, den mächtigen König der Ehren

Text: Joachim Neander 1680 | Melodie: 17. Jh.; geistlich Stralsund 1665, Halle 1741

Was ist das Mutigste, das du je getan hast?

Welches ist die größte Veränderung, die du durchlebt hast?

Was war die härteste Lektion, die du lernen musstest?

Was ist deine größte Enttäuschung?

Wie/Womit lobst du Gott?

#advent
#erwartung
#vorbereitung
#gottbegegnen

Macht hoch die Tür

Text: Georg Weissel (1623) 1642 | Melodie: Halle 1704

Schöpfer, Heiland, Tröster – Rat, Tat, Gnad:
Was brauchst du gerade von Gott?

Wie kannst du Gott in den kommenden 4 Wochen eine Tür in dein Leben öffnen? (auch wenn er die meistens selber findet)

#beichte
#erneuern
#freiheit

Meine engen Grenzen

Text: Eugen Eckert 1981 | Melodie: Winfried Heurich 1981

Was bringt dich an Grenzen?

Wo würdest du gern eine Grenze ziehen
und bekommst es nicht so richtig hin?

Welche Grenzen würdest du gern überwinden?
Was braucht es dazu?

Wie sieht Weite für dich aus? Mache oder finde ein Bild davon und kleb es hier ein.

Wie passen Weite und Heimat für dich zusammen?

#segen
#abschied
#weitergehen

Möge die Straße uns zusammenführen

Text: Markus Pytlik (nach einem irischen Segen)
Melodie: Markus Pytlik

Zeichne ein Netz von Straßen. Mit Kreuzungen, Gabelungen, Kreisverkehr, Auf- und Abfahrten, ... Schreib an jede Verbindung die Namen von Menschen, denen du gern (wieder) begegnen möchtest. Formuliere ein Gebet für sie. Überleg, was es zu einem Treffen braucht. Geh einen ersten Schritt.

#morgen
#tageszeit
#innehalten

Morgenlicht leuchtet

Text: Jürgen Henkys (1987) 1990 nach dem englischen „Morning has broken" von Eleanor Farjeon 1931
Melodie: gälisches Volkslied vor 1900; geistlich vor 1933

Morgenlicht leuchtet, rein wie am Anfang. Frühlied der Amsel, Schöpferlob klingt. Dank für die Lieder, Dank für den Morgen, Dank für das Wort, dem beides entspringt.

Flute diese Seiten
mit Morgenlicht.

Mine is the sunlight, mine is the morning,
born of the one light Eden saw play. Praise with elation, praise ev'ry morning God's
recreation of the new day.

Mach im Frühjahr vor Sonnen-
aufgang das Fenster auf und
hör zu, wie die Vögel singen.
Mindestens 5 Minuten lang.

#angst
#genug
#gottistalles

Nada te turbe

Text: Teresa von Avila | Musik: Jacques Berthier

Wo kommst du zu kurz?

Und damit soll es für heute genug sein.

genug Urlaub

Sorgen genug

Womit bist du nie zufrieden?

Wir haben in deiner Sache genug getan.

Du bist doch Manns genug.

Worauf könntest du leicht verzichten?

genug
Geld

Das ist mehr
als genug!

Womit verwöhnst du dich?

Wir haben zum
Leben genug.

Gott allein genügt.

Woran merkst du, dass etwas genug ist?

Er beschwor sie,
sie möge es genug
sein lassen.

#psalm90
#weisheit
#zeit
#ewigkeit
#klugleben

Noch ehe die Sonne am Himmel stand

Text: Eugen Eckert 1990 | Melodie: Sergej Andrewitsch Bazuk 1984

Was ist für dich der Sinn des Lebens?

Welche Zeiträume in deinem Leben empfindest du als ‚verloren'? Welche als erfüllt?

Wovon bist du fest überzeugt?

„Wir gehen von dir zu dir": Was wäre anders, wenn du diesen Satz zu deinem Lebensmotto machst?

Was möchtest du Gott fragen?

#weihnachten
#geistliches-
volkslied
#freude
#gnade

O du fröhliche

Text: Strophe 1 Johannes Daniel Falk (1816) 1819; Strophe 2-3 Heinrich Holzschuher 1829 | Melodie: Sizilien vor 1788, bei Johann Gottfried Herder 1807

Was würde mich
dieses Weihnachten
fröhlich machen?

Wem wünsche ich, dass er/sie
sich mal wieder so richtig freut?

#passionszeit
#leiden
#sterben
#angst

O Haupt voll Blut und Wunden

Text: Paul Gerhardt 1656 nach „Salve caput cruentatum" des Arnulf von Löwen vor 1250 | Melodie: Hans Leo Hassler 1601; geistlich Brieg nach 1601, Görlitz 1613 „Herzlich tut mich verlangen"

Hast du Narben? Was macht dich verletzlich?
Was kannst du nur schwer ertragen?
Wo guckst du schnell weg? Was quält dich?
Schreib alles zu den Dornen.

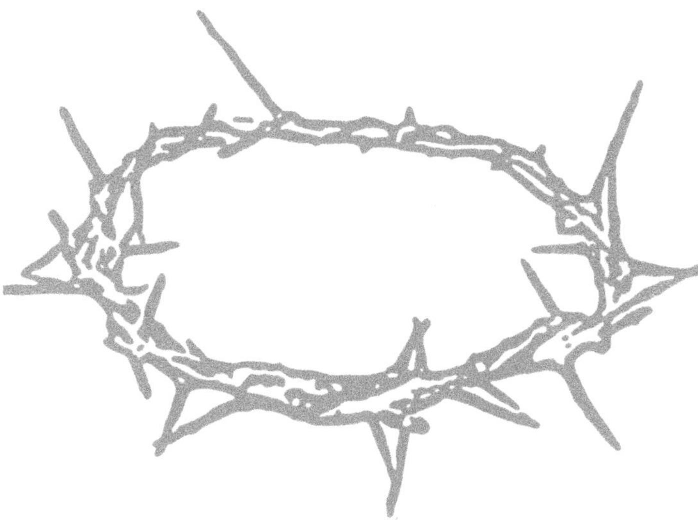

#pfingsten
#erneuern
#klarheit
#feuer

O komm, du Geist der Wahrheit

Text: Philipp Spitta (1827) 1833 | Melodie: 16. Jh. „Entlaubt ist uns der Walde"; geistlich Nürnberg um 1535, Böhmische Brüder 1544, bei Otto Riethmüller 1932 („Lob Gott getrost mit Singen")

Wo müsste der Geist der Wahrheit dringend mal einkehren? Licht und Klarheit statt Trug und Schein.

Was findet er, wenn er bei dir einkehrt?

Wofür soll Gottes Geist *noch* sorgen – außer für Wahrheit?

#beten
#vaterunser

Vater unser im Himmelreich

Text: Martin Luther 1539 | Melodie: Tischsegen des Mönch von Salzburg vor 1396, Böhmische Brüder 1531, Martin Luther 1539

Mach's wie Martin Luther: Schreib deine Fassung vom Vaterunser. Mach das Gebet anschaulich – für dich und für unsere Zeit.

(Leg das Vaterunser und Luthers Lied nebeneinander und schau dir genau an, an welchen Stellen und wie Luther das Gebet für sein Lied bearbeitet hat.)

„Wer singt, betet zweifach."
Aurelius Augustinus

#weihnachten
#erzählen

Vom Himmel hoch, da komm ich her

Text: Martin Luther 1535 | Melodie: Martin Luther 1539

Schau mal: Gott ist heute neu in dein Leben gekommen. Er schaut dich neugierig an. Was ist dein innigster Wunsch?

Bastele aus Transparentpapier, Goldfolie oder anderem Material Engelsflügel und kleb sie hier ein. Stell dir vor, das wären deine. Du wärst der Engel. Welche „gute, neue“ Botschaft hast du für die Welt? Schreib sie unter die Flügel.

#jahreswende
#vertrauen
#hoffnung
#trauer

Von guten Mächten treu und still umgeben/ wunderbar geborgen

Text: Dietrich Bonhoeffer (1944) 1945/1951 | Melodie: von den vielen Vertonungen sind vielleicht am bekanntesten die von Otto Abel (1959), Siegfried Fietz (1970) und Kurt Grahl (1976)

Von welchen Mächten bist du umgeben? Mach zwei Listen – eine für gute und eine für negative (störende, zerstörerische, böse, ...).

Wie macht sich das bemerkbar?

Welche der drei Melodien trifft für dich am besten den Ton? Warum?

#morgen
#tageszeit
#innehalten
#loben
#erneuern
#fragen

Wach auf, mein Herz, und singe

Text: Paul Gerhardt 1647 | Melodie: bei Nikolaus Selnecker 1587 („Nun lasst uns Gott dem Herren")

Wie hat Gottes Schutz dich in der vergangenen Nacht erneuert?

Wozu in deinem Leben soll Gott heute Ja sagen?

Wo brauchst du seinen Rat?

#hoffnung
#wahrheit
#frieden
#handeln
#glauben
#freiheit

We shall overcome

Text: Zilphia Horton, Frank Hamilton, Guy Carawan und Pete Seeger1963 nach „I'll overcome" von Charles Albert Tindley 1901 | Melodie: Spiritual

„Warum wir eine neue Definition von Hoffnung brauchen …"

Christiane Stenger / Stephan Phin Spielhoff

Was ist das Mutigste, das du je getan hast?

Wofür lohnt es sich zu kämpfen?

Würdest du dich an einer Revolution beteiligen?

Gestalte hier dein ganz persönliches Hoffnungsbild.

#schöpfung
#abend
#geistliches-
volkslied
#vertrauen

Weißt du, wie viel Sternlein stehen

Text: Wilhelm Hey 1837 | Melodie: Volkslied um 1818

Schreib alle Namen auf von Menschen, die du kennst. Nacheinander weg. Schreib auch die dazu, die dir in den Sinn kommen, deren Namen du aber nicht kennst („Der ältere Herr mit dem grünen Rucksack in der Straßenbahn ..." usw.). Gott kennt sie alle.

Lies in der Bibel
Psalm 147,4,
Jesaja 40,26 und
Matthäus 10,20.

Mal oder zeichne einen Sternenhimmel, während du darüber nachdenkst.

#psalm1
#wachsen
#lebenskraft
#lebenmitgott

Wenn ein Mensch auf Gott sein Leben baut

Text: Christian Stettler | Melodie: Daniel Steger

Zeichne einen Baum. Wurzeln, Stamm, Äste, Zweige, Blätter und Früchte. Beschrifte deine Zeichnung und beschreib dabei deine Quellen (Wurzeln), deine Werte und Überzeugungen (Stamm, Äste), deine Gaben (Blätter) und das, was du weitergeben kannst (Früchte).

Male oder collagiere frisches, fließendes Wasser dazu. „An dieser Quelle lebe ich." Sind Gott und sein Wirken in deinem Leben eher wie ein Bach, wie eine Quelle oder wie Regen (welche Sorte)? Wenn dir das alles zu kompliziert ist: Lass auf diesen Seiten Farben sprühen.

Wo stehst du gerade – innerlich gesehen: frisch verwurzelt, blühend, im Wind, verdorrt? Wo in deinem Leben brauchts Wasser?

#vertrauen
#hoffnung
#sorgen
#einsamkeit
#traurigkeit

Wer nur den lieben Gott lässt walten

Text und Melodie: Georg Neumark (1641) 1657

Folgst du eher deinem Kopf oder deinem Herzen?

Kennst du „Drangsalshitze"?
Wie fühlt sich die an?

Vergleichst du dich mit anderen?
Wenn ja: mit wem?

Wie findest du Zuversicht?

#advent
#erwarten
#innehalten
#fragen

Wie soll ich dich empfangen

Text: Paul Gerhardt 1653 | Melodie: Johann Crüger 1653

Was liebst du an der Adventszeit?

Suche im Lied Gedanken, Wörter und Sätze, die dich in dieser Adventszeit entlasten. Schreib sie hier auf. Schreib dazu, was das konkret bedeutet. Welche Folgen hat es dafür, wie du die Adventszeit verbringen wirst?

Wie schön leuchtet der Morgenstern

#epiphanias

Text und Melodie: Philipp Nicolai 1599

Such dir drei Wörter im Lied, die dich besonders ansprechen. Spontan oder bei längerem Lesen. Gestalte sie. Als Kalligraphie, mit Ornamenten, ...

Dieses Lied hatte bei seiner ersten Veröffentlichung die Überschrift: „Ein geistliches Braut-Lied der gläubigen Seele von Christus, ihrem himmlischen Bräutigam“. (Deshalb wurde es früher öfter bei Trauungen gesungen.) Christus als Bräutigam (Lebenspartner) deiner Seele: Gib diesem Bild eine Chance und male dir aus, wie das wäre?

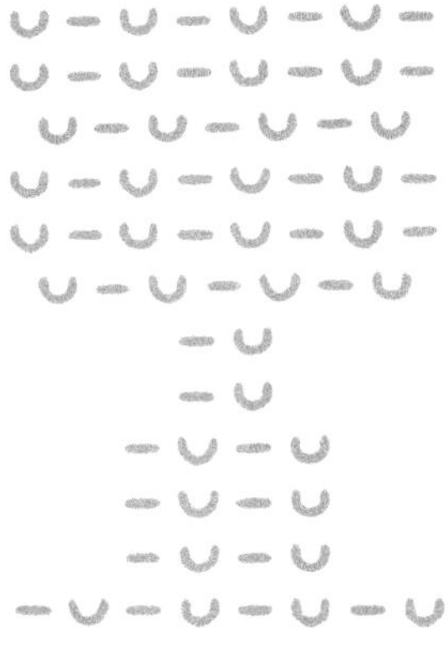

So sieht es aus, wenn man die Strophenform des Liedes bildlich darstellt. Ein Kelch? Würde zu Strophe 4 gut passen, oder?

#gottentdecken
#wunder
#liebe
#wärme
#hoffnung
#erzählen

Wir haben Gottes Spuren festgestellt

Text: Diethard Zils 1981 nach dem französischen „Nous avons vu les pas de notre Dieu" von Michel Scouarnec 1973 | Melodie: Jo Akepsimas 1973

Gehe bewusst spazieren. Egal wo. Mindestens eine Stunde lang. Halte dabei Ausschau nach Spuren Gottes. Wenn du zurück bist, schreib auf, was dir aufgefallen ist.

Glaubst du an Wunder? Wie sehen sie aus?
Mach eine Liste „Wunder im Verborgenen“

Wo möchtest du selber „Spur Gottes“ sein?

#psalm119
#worthalten
#gebote
#wortgottes
#heiligung
#handeln

Wohl denen, die da wandeln

Text: Cornelius Becker 1602 | Melodie: Heinrich Schütz 1661

Was brauchst du zum Glücklichsein?

Fehlt dir etwas, damit dein Leben gelingen kann?

Wo und wie orientierst du dich an dem, was Gott sagt?

Welche Erfahrungen machst du damit?

Ein Lied ist das, was du draus machst

Such dir ein Lied. Übertrage es hierher (Kopie oder Foto einkleben, abschreiben) und mach was draus:

Bring den Text durcheinander. Füge etwas ein, was nicht dazugehört. Wörter, Emojis, Bilder, ...

- Verändere die Vokale (a/e/i/o/u).
- Verdoppele die Silsilbenben oder Wörter Wörter ☺.
- Mach etwas mit den Reimen.
- Zerschneide eine Strophe in Zeilen und kleb' sie neu zusammen.
- ... dir fällt bestimmt noch mehr ein ...

Auch die Melodie kannst du durcheinanderbringen:

- Tausche Dur in Moll (oder umgekehrt).
- Ändere einzelne Töne.
- Probier' einen anderen Takt oder Rhythmus.

#musikmomente #religiösemomente

Manchmal gibt es besondere Momente, in denen Musik dich auf besondere Weise berührt. In denen deine Seele mehr spürt als sonst. Hier kannst du sie festhalten.

Datum (ungefähr)	Moment

Singen ist ein Abenteuer.

Erzähl …

#achschaumal: entdecke ein Lied

Nimm dir ein Gesangbuch oder ein anderes Buch mit religiösen Liedern. Schlag es irgendwo auf. Wenn dort ein Lied steht, fotografiere es ab. Wenn nicht, schlag eine andere Seite auf. Du brauchst irgendein Lied. Drucke das Foto aus und kleb es hier ein.

Stelle so viele Beziehungen wie möglich zwischen dir und dem Lied her.

Brauchst du Ideen? „Dieses Wort hat mich angesprochen." – „Das hab ich auch schon mal gedacht!" – „Da wär ich nie drauf gekommen." – „Das erinnert mich an..." – „Das klingt ein bisschen wie..."

#missing

Diese Lieder gehören definitiv auch in dieses Buch:

♡

♡

♡

♡

♡

♡

♡

♡

♡

♡

♡

♡

#liederbücher

Liedern kann man auf *spotify* begegnen, auf fliegenden Blättern – oder du siehst sie über den Beamer. Aber es gibt sie noch, die guten alten Dinge: Liederbücher. Liederhefte.

Titel des Buches	*kenn ich*	*benutz ich*	*besitz ich*
	☐	☐	☐
	☐	☐	☐
	☐	☐	☐
	☐	☐	☐
	☐	☐	☐
	☐	☐	☐
	☐	☐	☐
	☐	☐	☐
	☐	☐	☐

Lieder sortieren

Wonach lassen sich Lieder sortieren? „Alphabetische Reihenfolge der Texte“ geht immer. Oder nach *#hashtags*. – Aber es gibt ja noch x andere Möglichkeiten. Welche fallen dir ein? Such nicht nur nach sinnvollen, sondern auch nach lustigen oder möglichst absurden.

Welches Prinzip ist deiner Meinung nach das beste oder originellste?

Blättere mal in verschiedenen Liederbüchern.
Welche Verzeichnisse gibt es dort?
Wie sortieren die?

#artenvielfalt: Pflanzen

Hier ist Platz für alle Pflanzen, die dir in Kirchenliedern begegnet sind. Dokumentiere sie mit einem Bild (einkleben) oder einer Zeichnung (selbstgemacht). Vergiss nicht, den Titel des Liedes dazuzuschreiben.

Treffen sich zwei Kirchenlieder

Welche denn? Reden die miteinander?
Kennen die sich überhaupt? Woher eigentlich?

Probier mal aus... Vielleicht entsteht dabei ein Dialog oder ein anderer Textbaustein. Eine Idee für eine Story?

#irgendwiefastreligiös

Lieder, die streng genommen keine geistlichen Lieder oder Kirchenlieder sind. Und die für Viele trotzdem irgendwie so etwas wie eine religiöse Bedeutung haben? Klar gibt es das! Hier kannst du sie aufschreiben.

#international

Viele geistliche Lieder sind international. Sie wandern mit denen, die sie singen, von Land zu Land. Hier kannst du die Lieder aus anderen Ländern und anderen Sprachen sammeln, die dir am liebsten sind. Schreib das Land dazu, aus dem das Lied stammt.

#artenvielfalt: Tiere

Hier ist Platz für alle Tiere, die dir in Kirchenliedern begegnet sind. Dokumentiere sie mit einem Bild (einkleben) oder einer Zeichnung (selbstgemacht). Vergiss nicht, den Titel des Liedes dazuzuschreiben.

Ein Lied, und jede Menge Gedanken

Titel

Woran hast du beim Singen gedacht? Schreib möglichst viel davon auf. An wen hast du bei diesem Lied gedacht? Warum? Wem musst du unbedingt von diesem Lied erzählen? Was?

Du kannst diese Seite einfach wie einen Tagebuch-Eintrag nutzen. Als Rückblick auf ein Lied, das beim Singen etwas in dir bewegt hat. – Oder du machst eine kleine geistliche Übung daraus: Nimm dir etwas Zeit. Such dir einen guten Ort. Zünde eine Kerze an. Wähle ein Lied aus. Singe es. Oder summe beim Lesen vor dich hin. Und dann beginn zu schreiben.

#märchenhaft

Es war einmal ein Kirchenlied.

Jeden Tag ....

....

....

....

Eines (schönen) Tages ....

....

....

....

Deswegen ....

....

....

....

Bis schließlich ....

....

....

....

Variante:
„Es war einmal ein Kirchenlied. ***Sein Name war …/Es hieß …***“

#bucketlist

Dinge, die man mal ausprobieren könnte... Nee: ausprobieren kann! Dies sind nur Ideen. Streich welche weg. Schreib deine eigenen dazu. Mach deine Liste draus.

- [ ] Ein Kirchenlied bei einer Gelegenheit singen, bei der man es nicht erwartet.
- [ ] Einmal alle Strophen singen (z. B. alle 15 von „Geh aus, mein Herz" oder „Vom Himmel hoch", alle 12 von „Befiehl du deine Wege" oder „Jesus Christus herrscht als König", alle 17 von „Erstanden ist der heilig Christ")
- [ ] Ein Lied nur wegen der ersten fünf Wörter ausprobieren.
- [ ] Einmal so laut singen, wie ich gerade mag – egal, was die anderen denken.
- [ ] Ein fremdes Lied so lange üben, bis es nicht mehr fremd ist.
- [ ] Mal ein Kirchenlied unter der Dusche trällern.
- [ ] Von einem Kirchenlied träumen.
- [ ] Ein Lied vom Handy-Display singen statt aus dem Buch oder von einem Zettel.
- [ ] Ein Kirchenlied mit Sonnenbrille singen und ein Selfie-Video davon machen.
- [ ] Ein Getränk nach einem Kirchenlied benennen.
- [ ] ....
- [ ] ....

Schreib ein Anti-Lied

Nimm ein Lied und verkehre einzelne Gedanken und Aussagen in ihr Gegenteil. Schreib den Text hier auf.

Beobachte, was das macht: mit den einzelnen Aussagen, mit dem Lied als Ganzem, und mit dir.

„… der du thronst über den Lobgesängen Israels …“

… heißt es von Gott in Psalm 22, Vers 4.
Die Lieder der Menschen als Thron Gottes:
Mal dir das aus.

Vom Frieden singen.
Oder von Hoffnung.
Oder von der Liebe.

Diese Lieder dürfen dabei auf keinen Fall fehlen:

Diese Lieder machen mich friedlich/
hoffnungsfroh/liebevoll:

Wieso eigentlich Lieder? Diese Musik gehört auch dazu:

Frieden/Hoffnung/Liebe?
Besonders wichtig ist für mich dabei ...

Sag in ein paar Worten deine Meinung zum Thema „Krieg" („Hoffnungslosigkeit"/„Hass").

Entwirf dein persönliches Friedens-/Hoffnungs-/Liebes-Symbol.

Ich glaub, ich sing heut' einfach gregorianisch.

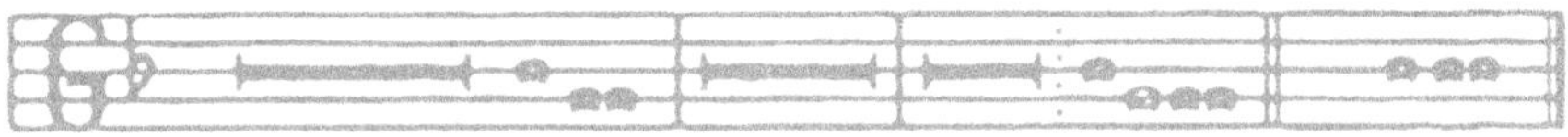

„Gregorianischer Gesang" ist die Bezeichnung für eine bestimmte Form einstimmigen, unbegleiteten Singens in der Liturgie. Ihren Namen verdankt sie Papst Gregor I., der um das Jahr 600 das Singen im Gottesdienst neu geregelt und vereinheitlicht haben soll. Gregorianik ist die älteste lebendig gebliebene musikalische Kunstform in der Geschichte des Abendlandes, heißt es. Charakteristisch für sie ist eine einfache Melodieführung in kleinen Intervallen, die für den typischen, zeitlos wirkenden Klang sorgt. Die musikalischen Akzente orientieren sich eng an den natürlichen Betonungen des Textes – an der „Melodie" der Wörter.

Eine elementare (Vor-)Form der Gregorianik ist das singende Sprechen von Texten auf einem einzigen Ton, der – wenn überhaupt – nur auf der (oder den) Silbe(n) vor einem Satzzeichen wechselt. Meistens einen Terz-Schritt nach unten (wie im gesungenen Wort „Kuck-uck").

Diese Art Sprechgesang („Kantillation") nimmt den Rhythmus und die Tonhöhen des natürlichen Sprechvorgangs auf und verstärkt bzw. intensiviert sie.

Das kann helfen, die Struktur und Aussage eines Textes besser zu erfassen. Es bringt mich in einen ganz eigenen Kontakt mit dem

Raum, der mich umgibt. Es sorgt dafür, dass ich bewusster atme. Und es kann etwas ungemein Entspannendes haben.

Probier's mal aus. Fang an mit einem ganz normalen Satz wie „Was mach ich mir denn jetzt zu essen?" oder „Wo hab ich nur mein Portemonnaie gelassen? Ach, hier ist es ja!" oder „Wie schön, dass ich damit jetzt gleich fertig bin!" Dann nimm ein paar Sätze mehr. Bis du einen WhatsApp-Post kantillierst. Oder den Einkaufszettel. Oder deinen aktuellen Ohrwurm – aber eben nicht mit seiner richtigen Melodie, sondern als Sprechgesang.

Und irgendwann versuch es mit einem Bibeltext. Besonders gut funktioniert es mit Psalmen.

Ich schenk dir ein Lied

Dein liebstes Liedzitat. Zum Verschenken.

- … als Freundschafts- oder Segensbändchen
- … als Kerze
- … als Kalligraphie-Karte
- … als Foto mit Text
- … als Stick-Bild
- … als Lesezeichen
- … als Collage
- … als besonders gestaltetes Notenblatt
- … als Deko-Schrift auf einem Kuchen oder einer Torte
- … als
- … als
- … als
- … als

Hier kannst du schon mal probeweise eine Liedzeile gestalten ☺:

#nichtmeinlied – wirklich?

Gibt es ein Lied, von dem du sagst: „Never!
Das Lied und ich – wir passen nicht zusammen"?

Dokumentiere das Lied (Kopie oder
Foto einkleben, abschreiben).

Schreib auf, was im Lied den Widerstand bei dir auslöst.

Überlege: Was müsste geschehen, damit es doch noch dein Lied werden könnte?

Lässt sich das machen? Starte einen Versuch!

Dichter-Date

Welche/n (historische/n) Liederdichter/in hättest du gern persönlich kennengelernt? Warum? Was würdest du sie/ihn gern fragen?

#geistlichundöffentlich

„Ich sing dir mein Lied", klar ... Aber gar nicht so wenige geistliche Lieder haben auch eine öffentliche Funktion (gehabt). Zur Zeit der Reformation. Im Krieg. In der Bürgerrechtsbewegung. In der Friedensbewegung. Wenn der Amerikanische Präsident bei einer Trauerfeier in seiner Ansprache zu singen beginnt. Und auch das kommt immer wieder vor: dass geistliche Lieder instrumentalisiert und ausgenutzt werden.

Ein geistliches Lied im öffentlichen Raum. Wie wär's: Entdecke den/die Detektiv*in in dir und fang an zu recherchieren.

Mein eigenes Lied

Ja, genau! Dein eigenes Lied. Hier ist Platz dafür.
Thema? Passende Wörter? Bilder? Gefühle?
– Fang einfach an. Es muss sich nicht reimen.

Auflösung des Rätsels von Seite 30

			S	U	I	D	U	A	L	C			
K	L	E	P	P	E	R	L						
					C	R	U	C	I	G	E	R	
		A	S	E	R	E	T						
		S					H			H	G		
	E	B	O	N	H	O	E	F	F	E	R		
	C				E		R		R	N	A		
	K				Y			H		K	N		
F	E						A			Y	K		
B	R	A	N	D	T	R				S	E		
	T	A			D								
			N	T	R	A	U	T	W	E	I	N	
				Z									

Bonhoeffer, Dietrich (Von guten Mächten wunderbar geborgen)

Brandt, Susanne (Du bist ein Gott, der mich anschaut)

Claudius, Matthias (Der Mond ist aufgegangen)

Cruciger, Elisabeth (Herr Christ, der einig Gotts Sohn)

Eckert, Eugen (Meine engen Grenzen; Noch ehe die Sonne am Himmel stand)

Franz, Ignaz (Großer Gott, wir loben dich)

Gerhardt, Paul (Geh aus, mein Herz; O Haupt voll Blut und Wunden, Wach auf, mein Herz, und singe; Wie soll ich dich empfangen)

Henkys, Jürgen (Der Lärm verebbt; Morgenlicht leuchtet)

Hey, Wilhelm (Weißt du, wieviel Sternlein stehen)

Klepper, Jochen (Der Tag ist seiner Höhe nah)

Luther, Martin (Ein feste Burg ist unser Gott; Vater unser im Himmelreich; Vom Himmel hoch, da komm ich her)

Ranke, Friedrich Heinrich (Tochter Zion)

Teresa [von Avila] (Nada te turbe)

Trautwein, Dieter (Komm, Herr, segne uns)

Weissel, Georg (Macht hoch die Tür)

Johannes Goldenstein, Jahrgang 1967, Pastor und Hobby-Kirchenmusiker, Dr. theol., Bibelwissenschaftler und Praktischer Theologe, ist Referent für Gottesdienst und Liturgie bei der VELKD (das ist ein Zusammenschluss von sieben Evangelisch-Lutherischen Landeskirchen in Deutschland) im Kirchenamt der EKD in Hannover.

Er arbeitet mit in der Steuerungsgruppe und in der Kommission für das neue Evangelische Gesangbuch und ist Autor der erfolgreichen Kreativalben „Mach die Bibel zu deinem Buch" (2017) und „Mein ‚Luft holen!'-Journal" (2024).